ZUR ERSTEN HEILIGEN KOMMUNION

für mein Patenkind Kilian

geschenkt von Franziska

Mein liebstes Foto von diesem Fest:

Rolf Krenzer

Licht für ein ganzes Leben

Das Geschenkbuch zur Kommunion

Mit Bildern von Elisabeth Holzhausen

Arena

Wir bedanken uns beim Robert Haas Musikverlag
für die Genehmigung zum Abdruck der Lieder.
Alle Lieder finden sich auf der CD: *Jesus lädt uns ein*
Text von Rolf Krenzer, Vertonung von Robert Haas.

In neuer Rechtschreibung

1. Auflage 2003

Einband und Illustrationen: Elisabeth Holzhausen
Vertonung der Lieder: Robert Haas Musikverlag, Kempten
Notensatz: Barbara Schaper-Oeser
Gesamtherstellung: Westermann Duck Zwickau GmbH
ISBN 3-401-05503-8

Inhalt

Lasst uns zusammen feiern

Ich darf in Gottes Welt leben

Ein Band von Hand zu Hand

Gott ist immer bei mir. Er kennt mich und er hört mir zu

Ein ganz besonderer Tag: deine Erstkommunion

Heute ist ein ganz besonderer Tag für dich: deine Erstkommunion.
Du hast dich lange mit deinen Alterskameradinnen und -kameraden darauf vorbereitet und hast von Menschen, die sich in der Bibel, im Gottesdienst und in der Kirche recht gut auskennen, viel von dem erfahren, was uns alle zu Christen macht.
Heute bist du besonders festlich angezogen und bist mit deiner neuen Kommunionkerze zur Messe und zum ersten Mal zur Kommunion gegangen.
Deine Erstkommunion! Ein Festtag, den du wohl nie in deinem Leben ganz vergessen wirst.
Du hast Geschenke zu diesem Tag bekommen. Und zu den Geschenken gehört auch dieses Buch zur Kommunion, das dich zum Lesen einladen möchte.
Wo du es aufschlägst, ist nicht wichtig. Du kannst überall mit dem Lesen beginnen. Vielleicht findest du eine Geschichte, die dich fesselt, zum Lachen bringt oder auch nachdenklich werden lässt. Oder sogar eine Geschichte, über die du mit anderen sprechen möchtest. Dazu Gebete und Gedichte. Sie können zweimal und noch viel öfter gelesen werden. Sie sind ja kurz und halten dich nicht lange auf. Doch wenn du sie öfter liest, wirst du plötzlich bemerken, dass sie dir viel mehr sagen können, als es die wenigen Zeilen zunächst vermuten lassen. Und wenn du ein Musik-

instrument spielen kannst, hast du vielleicht Spaß an meinen Liedern.
Noch einmal habe ich hier wichtige Geschichten von Jesus ganz kurz erzählt und einiges über die wichtigsten Feste im Kirchenjahr.
Dazu viele spannende Geschichten über Kinder, die etwa so alt wie du sind. Sie handeln von Angst und Mut, von Gewalt und Not, aber auch von der Sorge für andere, von der Freude an jedem neuen Tag, vom Teilen und Nehmen und von der Geborgenheit, die wir alle – Kinder wie Erwachsene – immer wieder so nötig brauchen.
Die Geschichten erzählen auch von unserem Leben in dieser Welt, die uns Gott übergeben hat und für die wir verantwortlich sind. Von Kindern, die mit ihrem Tun helfen, dass wir besser mit dieser Welt umgehen lernen, damit sie uns noch lange erhalten bleibt.

Ich wünsche mir, dass du oft in dieses Buch hineinschaust und dich darin vielleicht ab und zu richtig festliest.

Rolf Krenzer

Deshalb feiern wir Kommunion

Brot und Wein

Wein von Christus selbst gegeben,
Wein ist Christi Leib und Leben.
Das Blut Christi, denkt daran.
Nehmt den Wein in Liebe an.
Wein des Lebens, uns gegeben,
dass wir leben,
mit ihm leben!

Deshalb feiern wir Erstkommunion

Frau Bayer ist Tischmutter. Sie erzählt im Kommunionsunterricht von der Taufe Jesu: »Als Jesus erwachsen war, traf er am Jordan, dem großen Fluss, der durch Israel fließt, Johannes den Täufer, den Propheten Gottes, der im Fluss die Menschen taufte. Johannes stand am Ufer des Jordans und rief den Menschen zu: ›Seid nicht mehr so böse und schlecht! Ändert euch! Kehrt um! Bald wird euer Herr zu euch kommen!‹
Viele Menschen kamen, um ihm zuzuhören. Viele ließen sich von ihm taufen.
Als nun auch Jesus in das Wasser stieg, um sich taufen zu lassen, da erkannte Johannes, wer da vor ihm stand. Ja, das war Gottes Sohn, von dem er den Menschen erzählt hatte.
Erstaunt blickte er Jesus an und fragte ihn: ›*Du* willst dich von *mir* taufen lassen? Wäre es nicht viel besser, wenn *du mich* taufen würdest?‹
Doch Jesus antwortete: ›Wir tun das, was Gott von uns verlangt!‹
So taufte Johannes Jesus im Jordan.«

Nicole kennt die Geschichte bereits und meint: »Heute müssen die Leute aber nicht mehr ins Wasser steigen, um sich taufen zu lassen!«
»Ich bin als Baby getauft worden!«, ruft Carolin gleich. »Ich weiß gar nichts mehr davon!«
»Es gibt auch Christen, die sich taufen lassen, wenn sie erwachsen sind!«, erklärt Frau Bayer, die Tischmutter. »Sie steigen dann in ein großes Taufbecken und müssen ganz untertauchen.«

»Gut, dass wir nur über dem Taufstein getauft werden«, meint Carsten. »Da werden nur die Haare ein wenig nass.«

»Der Pfarrer hat dich bei deinem Namen genannt«, fährt Frau Bayer fort. »Und er hat gesagt: Ich taufe dich im Namen Gottes, des Vaters, Jesu Christi, seines Sohnes, und des Heiligen Geistes.«

»Schade, dass ich mich daran nicht erinnern kann«, sagt Carsten leise.

»Ihr habt sicher ein richtiges Tauffest gefeiert. Mit Kuchen und Torten und vielen guten Sachen. So war es jedenfalls, als Nicole und Max getauft wurden.«

»Sehr schade«, sagt auch Nicole, »dass wir das alles vergessen haben.«

»Ihr wart noch so klein, dass ihr nur Milch trinken und Brei essen konntet«, sagt Frau Bayer. »Aber seit eurer Taufe seid ihr Christen und wachst immer mehr in die Kirche hinein.«

»Warum feiert man das Fest nicht, wenn die Kinder größer sind?«, fragt Max. »Da hätten sie dann wirklich etwas davon!«

Frau Bayer lacht: »Deshalb feiert ihr ja bald eure Erstkommunion!«

Wunsch zu deiner Kommunion

Alles das, was Gott dir schenkt,
soll weiter wachsen in dir.
Ein guter Freund, der zu dir hält,
steh treu zur Seite dir.
Gott zünde in dir an sein Licht,
ein Licht geh aus von dir.

Die Heiligen mögen dich
in Freud und Leid geleiten,
dich mit Lächeln und Gesang
auf deinem Weg begleiten.

Das letzte Abendmahl

Damals haben die meisten Menschen trotz allem nicht geglaubt, dass Jesus Gottes Sohn ist und dass Gott ihn auf die Welt geschickt hat.
Seine Feinde fanden sogar unter den Jüngern Jesu einen, der Jesus verraten und ihnen ausliefern wollte! Die Feinde wollten Jesus den Prozess machen.
Damals war Jesus nach Jerusalem gekommen. Er wusste, dass er wohl sterben musste. Gott hatte ihn nach Jerusalem geschickt. Und Jesus wollte Gottes Willen erfüllen.
Am Abend lud Jesus seine Freunde zu einem Festmahl ein. Zum letzten Mal waren sie zusammen, bevor die Zeit seines Leidens anfing. Auch der Jünger, der ihn verraten wollte, saß noch unter ihnen. Und Jesus wusste, wer es war.
Während des Essens nahm Jesus von dem Brot, sprach ein Dankgebet und brach das Brot in Stücke. Er reichte es seinen Freunden mit den Worten: »Nehmt und esst! Das ist mein Leib!«.
Dann griff er nach dem Becher mit dem Wein, dankte Gott und reichte auch ihn an seine Freunde weiter. »Trinkt alle daraus!«, sagte er. »Das ist mein Blut, das für alle Menschen vergossen wird zur Vergebung ihrer Schuld. Das ist ein Zeichen des neuen Bundes mit Gott!«
Dann sagte er: »Wenn ihr dieses Brot esst und diesen Wein trinkt, dann sollt ihr wissen: Das ist mein Leib, das ist mein Blut! Und ich bin immer bei euch!«
Lange saßen sie noch zusammen. Die Jünger sorgten sich um ihn

und hatten Angst. Doch Jesus tröstete sie. »Ihr sollt einander so lieb haben, wie ich euch geliebt habe!«, sagte er. »Daran wird jeder erkennen, dass ihr meine Freunde seid!«

Die Geschichte vom Abendmahl wird immer in der Messe zur heiligen Kommunion vorgelesen. Sie ist so wichtig, dass wir sie in jeder Messe hören. Sie gehört zu unserem Glauben. Und die Einsetzungsworte, die Jesus damals gesprochen hat, gelten bis heute.

Was ist am wichtigsten?

Das große Fest der Erstkommunion ist vorbei. Am Mittwochnachmittag hat Frau Bayer noch einmal alle vier Kinder ihrer kleinen Tischgruppe zu sich nach Hause eingeladen. Weil es ein so schöner Sonnentag ist, hat Frau Bayer auf der Terrasse eine bunte Kaffeetafel vorbereitet und sieht zufrieden zu, wie die Kinder sich an ihrem selbst gebackenen Kuchen und der Erdbeertorte rundum satt essen.

»Gestern hätte ich keinen Kuchen mehr essen mögen« , meint Carsten nach dem dritten Stück. Da hatte ich noch genug vom Sonntag.«

»Aber jetzt schmeckt er schon wieder!«, lacht Carolin und lädt sich ein großes Tortenstück auf ihren Teller.

Dann erzählen sie von der Feier in der Kirche und davon, was danach zu Hause alles los war. Schließlich waren viele gekommen, um mitzufeiern. Und Geschenke hatte es gegeben. Von allen Seiten sprechen die Kinder auf Frau Bayer ein. Sie hat Mühe, alles zu verstehen und auf alles einzugehen, was sie ihr sagen wollen.

»Es ist schon ein ganz seltsames Gefühl, zum ersten Mal richtig zu Kommunion zu gehen!«, sagt dann Nicole plötzlich und alle Kinder sind auf einmal still.

Max räuspert sich. »Ich war ja vorher schon oft mit meinen Eltern dabei«, meint er. »Ich bin mit nach vorn zum Pfarrer gegangen. Aber der hat mir nur über den Kopf gestrichen.«

»Er hat dich gesegnet!«, erklärt Frau Bayer lächelnd.

Max nickt. »Aber jetzt war alles ganz anders!«, sagt er darauf.

»Als ich von dem Pfarrer die Hostie erhielt und alle Erwachsenen um mich herumstanden und genau wie ich von ihm hörten, dass er uns den Leib Christi reichte . . .« Er räusperte sich. »Ich habe noch nie solch ein Glücksgefühl in mir gespürt.«
»Das meinte ich.« Nicole legt ihre Hand auf die von Carolin neben sich.
»Ich weiß jetzt, was es bedeutet, wenn es heißt: Wir gehen zur Kommunion«, sagte Carsten. »Wir gehen in die Gemeinschaft, in die Gemeinschaft mit Jesus Christus und seiner Kirche.«
Frau Bayer nickt. »Das hat du gut gesagt!«, lobt sie ihn. »Wir empfangen die Kommunion. Wir wissen nur zu gut, dass man Gemeinschaft nicht machen oder erzwingen kann. Aber wir glauben, dass uns die Gemeinschaft mit Gott und den Menschen geschenkt wird.«
»Ich würde noch gern weiter zu Ihnen kommen, Frau Bayer«, flüstert Carolin und lehnt sich so dicht an den Arm der Tischmutter, dass sie ihre Wärme spürt.
»Ihr könnt mich alle immer gern besuchen!«, lacht Frau Bayer. »Aber alles, was ich euch erzählen und erklären wollte, das habe ich in den letzten Wochen getan. Ich habe euch für eure Erstkommunion vorbereitet. Jetzt dürft ihr an der heiligen Messe teilnehmen und die Kommunion empfangen. Ihr seid damit voll in die katholische Gemeinde aufgenommen und nehmt teil an der Gemeinschaft der Christen untereinander und mit Christus. Ja, ihr wisst jetzt mehr über unseren Glauben, über die Heilige Messe, über die Bedeutung von Brot und Wein . . .«
»Und was war am wichtigsten?«, fragt Carolin.
»Wir wissen jetzt mehr über die einzelnen Teile der Messe!«, schlägt Carsten vor.

»Warum wir mit unserer Kirche Feste feiern!«, ruft Nicole dazwischen. »Und welche Feste am wichtigsten sind!«
»Dass wir uns richtig bei der Kommunion benehmen!«, meint Max und wundert sich, weil alle lachen.
»Max meint das ganz richtig!«, kommt ihm Frau Bayer zu Hilfe. »Am wichtigsten ist, dass jeder erfahren konnte: Die Kommunion und die heilige Messe sind für mein Leben und für jeden Tag in meinem Leben etwas ganz Wichtiges!«
Sie schaut sich um, blickt auf ihre Armbanduhr und auf die leer gegessenen Kuchenteller und sagt dann: »Jetzt kommt das Allerunwichtigste! Aber vielleicht macht es euch auch Spaß. Schließlich ist es eine kleine Überraschung zum Abschluss. Eure Eltern wissen Bescheid!«
Und dann lädt Frau Bayer sie alle vier ins Kino ein. Carsten, Carolin, Max und Nicole.

Segen für das Kommunionkind

Dass Gott dich segne und bei dir ist
und dich beschützt, wo du immer bist.
Dass er dir Glück und Frieden schenkt,
weil er dich lieb hat und an dich denkt.

Dass Gottes Güte du nie vermisst,
dass seine Liebe stets bei dir ist,
dass Gott dich segne, wo auch immer du bist,
weil er dich lieb hat und nie vergisst.

Jesus ist der Freund der Kinder

Jesus lehrt uns beten

Jesus hat uns sogar gesagt, wie wir beten sollen.
Jesus ist Gottes Sohn. Er will aber allen Menschen immer wieder deutlich machen, dass Gott auch unser Vater ist. Deshalb sagte er: Wir dürfen immer und überall mit Gott sprechen. Er hört uns zu, wenn wir beten.
Das Gebet soll nicht zu lang sein, sagte er. Bevor wir ihn um etwas bitten, weiß Gott bereits, was wir brauchen.
Jesus sagte: »So sollt ihr beten:
Vater unser im Himmel!
Geheiligt werde dein Name.
Dein Reich komme.
Dein Wille geschehe,
wie im Himmel so auf Erden.
Unser tägliches Brot gib uns heute.
Und vergib uns unsere Schuld,
wie auch wir vergeben unsern Schuldigern.
Und führe uns nicht in Versuchung,
sondern erlöse uns von dem Bösen.
Denn dein ist das Reich
und die Kraft und die Herrlichkeit
in Ewigkeit.
Amen!«

Kinder, Kinder!

Als Jesus wieder einmal den Leuten von Gott erzählte, dachten die Jünger, dass Jesus sich durch die Kinder gestört fühlen könnte, und wollten sie wegjagen. Da ging Jesus geradewegs auf die Kinder zu und nahm sich viel Zeit für sie. Er segnete die Kinder. Zu den Jüngern aber sagte er zornig: »Lasst die Kinder zu mir kommen. Gerade die Kinder liebt Gott so sehr!«
»Wer Gott nicht so lieb haben kann,
wie die Kinder ihn lieben«, fügte er hinzu,
»der wird auch selbst
nie erfahren, wie es ist,
von Gott geliebt zu werden.«

Jesus ist der Freund der Kinder

Jesus ist der Freund der Kinder
und will immer bei uns sein.
Jesus ist der Freund der Kinder,
drum stimmt alle mit uns ein:
Nicht verzagen,
etwas wagen,
denn er lässt uns nicht allein.
Ihm vertrauen,
auf ihn bauen,
denn er wird stets bei uns sein.

Jesus ist der Freund der Kinder
und er lässt uns nicht im Stich.
Jesus ist der Freund der Kinder,
er kennt alle, dich und mich.
Sein Versprechen
wird nie brechen.
Er tritt immer für uns ein.
Ohne Sorgen
und geborgen
dürfen wir stets bei ihm sein.

Was die Erwachsenen wissen müssen

Die Kinder sprechen im Kommunionunterricht mit ihrer Tischmutter über die Geschichte. »Ob die Erwachsenen Jesus wirklich verstanden haben?«, fragt Nicole.
»Die hatten ja damals noch nicht einmal etwas von Gleichberechtigung gehört!«, rief Carolin empört. »Meine Mutti hat gesagt, bis vor kurzer Zeit war es noch so, dass die Männer den Frauen ihre Rechte nahmen.«
»Meine Mutti verdient viel weniger als ein Mann, der die gleiche Arbeit tut!«, fügt Carsten hinzu.
»Ja, ihr habt Recht! Wo keine Gleichberechtigung zwischen Männern und Frauen herrscht, kann es auch keine Gleichberechtigung zwischen Erwachsenen und Kindern geben.«
»Und in vielen Ländern werden Kinder heute noch ausgebeutet«, sagt Max. »Sie müssen jeden Tag viele Stunden schwer arbeiten und kriegen kaum etwas dafür!«
»Kassieren tun die anderen, sagt mein Vater!«, schreit Carolin dazwischen.
Frau Bayer nickt. »Die Kinder waren Jesus so wichtig, dass er sich noch einmal die Erwachsenen vorgenommen und mit ihnen über die Kinder gesprochen hat. ›Wer die Kinder fortjagt, wird nie verstehen, warum mich Gott in die Welt geschickt hat, hat er damals gesagt. Wehe einem jeden, der die Kinder daran hindert, zu Gott zu kommen! Gott wird ihn dafür strafen!‹«
»Hat Jesus das wirklich gesagt?«, fragt Carsten beeindruckt.
»So steht es in der Bibel!«, antwortet Frau Bayer.

Alle wurden satt

Wieder einmal waren viele Leute zu Jesus gekommen, um ihm zuzuhören. Vielleicht tausend, dreitausend oder fünftausend. Es wurde spät an diesem Tag. Als Jesus zu Ende geredet hatte, sah er, dass die Leute hungrig sein mussten, und sie taten ihm Leid.
»Was haben wir noch für Vorräte?«, fragte er seine Jünger.
»Ein paar Brote und ein paar Fische«, antworteten sie und brachten ihm das Wenige, was sie hatten.
»Setzt euch auf die Erde«, sagte Jesus zu den Leuten und griff nach dem ersten Brotlaib. Er dankte Gott für das Brot in seiner Hand. Dann brach er die Brotlaibe in Stücke und reichte sie seinen Freunden. »Verteilt sie«, sagte er.
Darauf nahm er die Fische, dankte Gott dafür und ließ auch sie austeilen. Als sie fertig waren, sagte Jesus zu seinen Freunden: »Sammelt ein, was noch übrig ist.« Und das war noch viel.

Wenn wir teilen, reicht es für alle

»Im zweiten Schuljahr ist bei uns einmal etwas ganz Seltsames passiert!«, erzählt Carsten im Kommunionunterricht. »Wir wollten Obstsalat machen und jeder sollte etwas dafür mitbringen. Alle hatten etwas dabei: Apfelsinen, Bananen, Äpfel, Weintrauben. Nur das, was Benjamin und ich mitbringen sollten, das lag bei uns zu Hause auf dem Küchentisch. Mein Freund Benjamin hatte mich abgeholt und wir hatten alles vergessen. Frau Schöne tröstete uns. Sie gab uns von dem Obst, das die anderen mitgebracht hatten. Wir halfen alles klein zu schneiden und schütteten es in eine große Schüssel. Frau Schöne rührte kräftig. Dann verteilte sie den fertigen Obstsalat in kleine Schüsseln. Jeder bekam eine Portion. Auch Benjamin und ich. Und wir hatten alle genug!«

»So ist das beim Teilen!« Frau Bayer, die Tischmutter, lacht.

Und Carsten flüstert Nicole zu, die neben ihm sitzt: »Das werde ich im Leben nie vergessen!«

Lasst uns zusammen feiern

Erntedank

Bei Regen und bei Sonnenschein
konnt' auf dem Feld das Korn gedeihn.
Aus Korn wird Mehl, aus Mehl wird Brot,
so leide ich heut keine Not.

Ich nehme mir mein Frühstücksbrot
und sage »Danke, lieber Gott,
dass du mir, weil du mich so liebst,
heut wieder satt zu essen gibst.«

Ich teile gern mein Frühstücksbrot
und sage: »Danke, lieber Gott!«
Geb ich was her, gibst du was her,
dann hungert bald schon keiner mehr.

Wenn jeder was zu essen hat,
dann werden alle Menschen satt.
Wenn auf der Welt kein Hunger wär,
dann gäb's bald keine Kriege mehr.

Martin und der Bettler

Vor Kälte hat ein Mann geschrien.
Sankt Martin stieg vom Pferd,
nahm seinen Mantel, packte ihn
und teilt' ihn mit dem Schwert.

Der Bettler war vor Staunen stumm.
Doch Martin legt' ihm dann
die Hälfte seines Mantels um.
So wärmte er den Mann.

Als Martin in der Nacht erwacht,
da ist etwas geschehn:
Vor seinem Bett in dieser Nacht
sieht Martin Jesus stehn.

Und Jesus sieht den Martin an
und fragt: »Erkennst du mich?
Du teiltest mit dem armen Mann!
Der Bettler, das war ich!«

»Was ihr dem ärmsten Bruder tut,
das habt ihr mir getan!«
Das Wort, das Christus einst gesagt,
geht uns doch alle an!

Schiebt es nicht nur, wenn nichts passiert,
den andern in die Schuh.
Es liegt auch oft, wenn einer friert,
daran, dass ich nichts tu.

Was ist Weihnachten am wichtigsten?

»Was ist Weihnachten am wichtigsten?«, hat Frau Bayer letztens beim Kommunionunterricht gefragt. Da ist den Kindern so viel eingefallen, dass Frau Bayer alle Mühe gehabt hat, alles auf das große Plakat zu schreiben. Damit es schön bunt aussah, durfte jeder etwas dazumalen.

»Die Geschenke!«, hat Nicole gerufen und ein buntes Päckchen gemalt.

»Die Weihnachtslieder!«, hat Carolin gemeint und durfte ihre Flöte malen.

»Die Kerzen sind wichtig!«, hat Carsten gemeint und Frau Bayer hat genickt. »Ja, die Advents- und die Weihnachtskerzen!«

»Am allerwichtigsten ist der Weihnachtsbaum!«, haben Nicole und Max fast gleichzeitig gerufen. Da durften sie auch zusammen einen großen Weihnachtsbaum auf das Plakat malen.

Alle haben etwas gewusst.

Aber Frau Bayer war immer noch nicht zufrieden.

»Ihr vergesst das Wichtigste!«, hat sie immer wieder gesagt.

»Wir haben immer noch eine Krippe unter dem Weihnachtsbaum!«, hat Nicole da gerufen.

»Ah! Und was gehört zu der Weihnachtskrippe?«, hat Frau Bayer gefragt.
Da haben alle gemerkt, dass sie auf der richtigen Spur waren.
Schnell hat Max von dem Stall, von Maria und Josef, von den Hirten und den Schafen, von Königen und Kamelen und von dem Kind in der Krippe erzählt.
»Genau!«, hat Frau Bayer gerufen. »Und wer gefällt dir von allen am besten?«
»Der schwarze König!«, hat Max geantwortet und angefangen den König zu malen.
»Ist er wichtiger als das Kind in der Krippe?«, hat Frau Bayer gefragt.
Und dann hat sie eine große Schachtel mitten in den Kreis gestellt und die Kinder durften sie auspacken. Es war eine richtige Weihnachtskrippe mit dem Stall, mit vielen Menschen und Tieren.
»Hier ist Jesus!«, hat Carolin gesagt und das Kind in der Futterkrippe hochgehalten.
»Und Jesus ist Gottes Sohn!«, hat Frau Bayer gesagt und das Kind in der Krippe mitten zwischen die anderen Menschen und Tiere gestellt. Direkt zu der Maria und zu dem Josef.
»So ist es richtig!«, hat Carolin gerufen. »So ist es auch bei unserer Weihnachtskrippe!«
»Alle haben sich gefreut, als Jesus geboren ist!«, hat Frau Bayer noch angefügt. »Deshalb feiern wir heute noch Weihnachten!«
»Dann ist das am allerwichtigsten!«, hat später Nicole gesagt, als alle zusammen die Weihnachtskrippe auf einem Tisch aufgebaut haben. Und Frau Buchholz hat genickt.

Drei aus dem Morgenland

Voriges Jahr noch hatten die Mädchen sich damit abgefunden, dass wieder nur Jungen als Heilige Drei Könige mit dem Stern herumgehen durften. Wieder durften nur sie all die Süßigkeiten einstecken, die ihnen die Leute schenkten, wenn sie vor ihrer Haustür sangen und mit Kreide die Anfangsbuchstaben der Segensworte über die Tür schrieben: Christus Mansionem Benedicat, Christus segne dieses Haus.

Letztes Jahr waren sie heimlich hinter den drei Königen hergeschlichen, dieses Jahr wollten sie die Sache selbst in die Hand nehmen. Alte Kleider und Tücher, die für die Altkleidersammlung bestimmt waren, fanden sie in einer Kiste bei Anna zu Hause auf dem Speicher. Daraus nähten sie sich prächtige Königskleider.

Für den schwarzen König machten sie noch einen Turban. Zwei Kronen schnitten sie aus Goldfolie aus. Goldfolie brauchten sie auch für den Stern, den sie dann an einem Besenstiel befestigten.

Gerade jetzt würde Annas Mutter den Besen wohl nicht brauchen.

Am sechsten Januar war es endlich so weit. Sie warteten, bis es dämmrig wurde. Dann schlichen sie mit dem Stern auf die Straße

und gingen ein paar Straßen weiter, gerade so weit, dass sie sicher sein konnten nicht plötzlich ihren Eltern, Geschwistern oder sonstigen Verwandten und Bekannten zu begegnen. Schon bald klang ihr Lied laut durch den Abend:

»Drei Könige kommen heute!
Gebt uns was, ihr Leute!
Frau Kaspar, Frau Melchior, Frau Balthasar,
die wünschen euch ein gutes Jahr!«

Sabine schrieb mit Kreide die Anfangsbuchstaben und die Jahreszahl über die Tür. Sie war gerade damit fertig geworden, als auch schon ein älterer Mann heraustrat, sich herzlich bedankte und ihnen ein prall gefülltes Säckchen überreichte.

»Es fängt gut an!«, rief Anna lachend, als sie das Säckchen verstaute. Am nächsten Haus gab es sogar einen Geldschein. Ganze zehn Euro! So zogen die drei Mädchen von Haus zu Haus, von Straße zu Straße, aber keiner merkte, dass es diesmal drei heilige Königinnen waren, die sangen, malten und die Dreikönigsgaben eintrieben.

Nur an einer einzigen Haustür kamen sie ins Schleudern. Da stand nämlich plötzlich Herr Leitner vor ihnen. Herr Leitner war ihr Klassenlehrer. Keine der drei Königinnen hatte geahnt, dass er hier wohnte. Die schwarze Königin wurde käsebleich unter der dicken Creme, die sie sich ins Gesicht geschmiert hatte. Aber Herr Leitner griff nur in die Hosentasche, holte seinen Geldbeutel heraus und reichte Sabine zwei Euromünzen hin.

Sie sangen und sammelten fröhlich weiter, bis Sophia erschrocken feststellte, dass es bereits kurz vor sieben war. Gleich würden sich die richtigen Heiligen Drei Könige auf den Weg machen. Blitzschnell flüchteten die Mädchen in einen dunklen Winkel neben einer Garage und rissen sich die Königskleider herunter. Sie machten aus den Kronen, dem Turban und den Kleidern handliche Päckchen, die man unauffällig unter den Arm klemmen konnte, und wählten einen Schleichweg, um nach Hause zu kommen. Sie kamen nur langsam voran, weil beide Säcke gut gefüllt waren. Außerdem mussten sie Anna immer in die Mitte nehmen, damit niemand ihr schwarzes Gesicht sah.

Als sie bei Sabine zu Hause ankamen, hörten sie bereits ziemlich nahe die drei Jungen singen. So huschten sie in den Keller, halfen

Anna das Gesicht wieder halbwegs sauber zu bekommen und packten dann die Süßigkeiten aus. Es war so viel, dass sie mindestens bis Ostern versorgt sein würden.

Für das Geld hatten sie schon vorher einen großen Umschlag bereitgelegt. Sophia nahm ihn gleich auf dem Heimweg mit und warf ihn in den großen Briefkasten des Pfarramts.

Am nächsten Morgen in der Schule aber hatten sie alle Mühe, nicht laut loszuprusten, als Martina Schmidt in der Pause von ihrem Bruder erzählte, der gestern Abend einer der drei Könige gewesen war.

»Stellt euch bloß mal vor, sie haben nichts bekommen! Ein paar Leute haben sie sogar fortgejagt, weil die richtigen drei Könige angeblich schon da gewesen waren. Keine Süßigkeiten, kein Geld! Nichts! Dabei sind sie pünktlich losgegangen, so wie jedes Jahr, Punkt sieben Uhr! Nach den ersten paar Häusern haben sie dann aufgegeben. Es hatte ja doch keinen Zweck mehr. Und über den Türen waren tatsächlich die Buchstaben angeschrieben. Die drei haben bis spät noch mit dem Pfarrer zusammengesessen und der hat sich nur gewundert.«

»Wieso hat er sich gewundert?«, fragte Sophia so unbeteiligt wie möglich.
Martina zuckte mit den Schultern: »Einmal über den Umschlag, der im Briefkasten steckte. Und dann über das viele Geld, das darin war. Viel mehr als in den letzten Jahren.«
»Vielleicht waren die falschen Könige besser als die richtigen«, meinte Anna. Sie konnte es sich nicht verkneifen.
Martina schüttelte den Kopf. »Etwas ist faul an der ganzen Sache! Oder könnt ihr mir erklären, warum gestern Abend noch ein Stern an einem langen Stock im Pfarramt abgegeben wurde? In der Gartenstraße ist er gefunden worden. Neben Holzmanns Garage. Einen Dreikönigsstern wirft man aber doch nicht einfach fort!«
»Stimmt«, sagte Sabine und traute sich nicht zu Anna und Sophia hinzublicken. Den Stern hatten sie in der Eile vergessen. »Profis waren es jedenfalls nicht«, fügte sie noch hinzu und überlegte krampfhaft, was sie sagen sollte, wenn ihre Mutter nach dem Besenstiel fragen würde, den sie sich gestern ausgeliehen hatte. Aber dann lief sie schnell hinter Anna und Sophia her, die auf dem Weg zum Klo waren. Sie schlossen sich in einer Toilette ein und lachten, bis ein lautes Klingeln anzeigte, dass die Pause zu Ende war.

Warum wir jedes Jahr Ostern feiern

»Warum freuen wir uns alle eigentlich so auf nächsten Sonntag?«, fragt Frau Bayer, die Tischmutter, die Kinder.
»Da ist doch Ostern«, schreien alle und Nicole fügt gleich hinzu: »Sogar zwei Tage lang. Am Sonntag und am Montag!«
»Früher habe ich immer geglaubt, dass der Osterhase zu uns in den Garten kommt und Eier versteckt!«, sagt Carsten.
Viele lächeln und alle nicken.
»Wir feiern Ostern aber nicht nur wegen der Ostereier«, sagt Frau Bayer.
»Weil Jesus auferstanden ist, feiern wir jedes Jahr Ostern!«, sagt Nicole.
»Und zünden immer wieder die Osterkerze an!«, ergänzt Carsten.
»Jesus ist am Kreuz gestorben!«, sagt Frau Bayer leise. »Sie glaubten ihm nicht, dass er Gottes Sohn war.«
Die Kinder schauen Frau Bayer mit großen Augen an und fragen erstaunt: »Warum glaubten sie es ihm nicht?«
»Warum?«, fragt Frau Bayer nachdenklich. »Auch heute können das viele Menschen nicht glauben! Damals«, sagt sie dann, »da haben sie ihn gefangen genommen und eingesperrt. Und am Ende haben sie ihn sogar umgebracht!«
»Er ist am Kreuz gestorben!«, sagt Nicole leise. »Meine Oma hat ein Bild davon!«
»Und Ostern«, sagt Frau Bayer nach einer Weile, »Ostern hat

Gott Jesus gerufen. Da ist Jesus von den Toten auferstanden. Er war tot – und plötzlich stand er auf und lebte wieder!«

»Weil Gott ihn gerufen hat!« Nicole nickt.

Frau Bayer sagt: »Weil Jesus lebt, dürfen wir alle mit ihm leben. Wenn wir einmal sterben müssen, wird auch uns Gott wieder aufwecken!«

»Ehrlich?«, fragt Carsten. »Stimmt das wirklich?«

»Das wissen wir seit damals«, antwortet Frau Bayer, »als Jesus vom Tod auferstanden ist. Und deshalb sind wir froh!«

»Und darum zünden wir auch die Osterkerze an!«, fügt Max glücklich hinzu. »Letztes Jahr durfte ich sie anzünden!«

Als sich die Kinder später verabschiedeten, fragt Carsten sie leise: »Die Ostereier sind aber doch auch wichtig, oder?«

»Natürlich!«, lacht Frau Bayer. »Sie sind sogar sehr wichtig. Besonders für Kinder!«

Und damit hatte sie Recht.

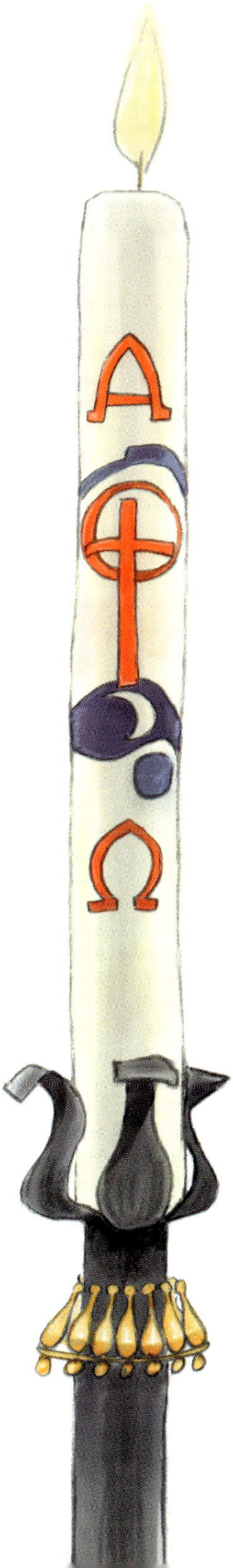

Pfingsten

Pfingsten ist Seltsames geschehn.
Menschen, die sich noch nie gesehn,
sah man plötzlich zusammen stehn.

Bisher hatten sie sich nicht verstanden,
weil sie anders sprachen
und anders empfanden.

Pfingsten ist Seltsames geschehn.
Menschen, die sich noch nie gesehn,
die konnten sich auf einmal verstehn.

Pfingsten kam Gottes Geist auf sie nieder.
Sie staunten
und sagten es immer wieder.

Sie sagten es allen, was da geschehn.
Menschen, die sich noch nie gesehn,
die konnten sich auf einmal verstehn.

Ich darf in Gottes Welt leben

Im Anfang war das Wort

Im Anfang war das Wort
und Gott sprach: »Es werde!«
Sein Wort schuf unsre Welt,
ja, so entstand die Erde.
Im Anfang rief uns Gott
und schenkte uns die Welt.
»Gebt Acht, dass diese Welt
euch nicht in Scherben fällt.«

Im Anfang sagte Gott:
»Das ist eure Erde!
Seht zu, dass diese Welt
euch auch zur Heimat werde!
Ich schenke alles her –
kommt, richtet euch hier ein.
Hier seid ihr jetzt daheim,
sie wird euch Wohnung sein.«

So schenkte Gott der Welt
im Anfang alles Leben.
Uns allen hat er hier
die ganze Welt gegeben.
Die Pflanzen, jedes Tier,
Wasser, Feuer, Sand und Stein.
Gar nichts, sei's noch so klein,
lebt hier für sich allein.

Gott schenkt uns seine Welt.
Ich will's an allen Tagen
von neuem wieder sagen
und immer wieder wagen ,
dass meine Welt,
dass seine Welt,
dass seine Welt,
dass meine Welt
Gott wohl gefällt.

Danklied

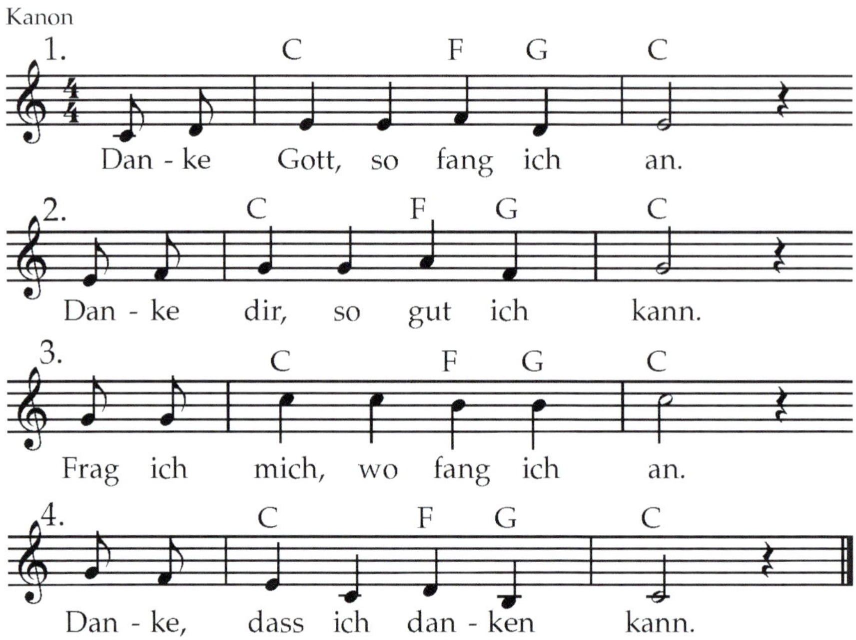
Kanon
1.
C F G C
Dan - ke Gott, so fang ich an.
2.
C F G C
Dan - ke dir, so gut ich kann.
3.
C F G C
Frag ich mich, wo fang ich an.
4.
C F G C
Dan - ke, dass ich dan - ken kann.

Philipp will viele Leben retten

Seit die große Fabrik letztes Jahr geschlossen wurde und Opa seine Arbeit verloren hatte, kümmerte er sich immer mehr um den Garten.

Oma und Opa hatten ihre Mühe mit den vielen Kübeln und Boxen, die sie nun statt des einen Mülleimers, den sie seit vielen Jahren am Gartentor stehen hatten, benutzen sollten.

»Nein, Opa!«, sagte Oma heute wieder. »Die Jogurtbecher gehören dort drüben in den Kübel und deine Zeitung hier hinein!«

»Früher habe ich die Zeitungen einfach im Ofen verbrannt!«, brummte Opa vor sich hin. »Das war alles viel bequemer!«

Oma blickte ihn vorwurfsvoll an. »Seitdem wir die Gasheizung haben, können wir halt nichts mehr im Ofen verbrennen!«, sagte sie nur. »Und wer wollte denn damals unbedingt die moderne Gasheizung haben, du oder ich? Im Gasofen brennt nun eben nichts mehr außer Gas!«

»Aber im Herbst haben wir immer ein Feuerchen im Garten gemacht!« Opa gab nicht so schnell auf. »Da konnte man dann alles mit verbrennen, was sich im Jahr so angesammelt hatte.« Er ließ traurig die Schulter sinken. »Aber das ist ja auch jetzt alles verboten!«

»He!«, rief er dann Philipp zu, der dieses Wochenende bei seinen Großeltern verbringen durfte und seit gestern bei ihnen war. »Habt ihr in der Schule denn auch so viele Abfalleimer und lernt ihr schon, wo welcher Müll hineingehört?«

Philipp nickte. »Sie stehen vorn an der Tür! Und bei uns zu Hause stehen sie auch. Nur die Flaschen müssen in den Flaschencontainer!«

»Was heute die Kinder schon alles wissen!«, sagte die Oma anerkennend. »Da wundert man sich nur!«

»Ich fahre doch immer mit Papa zum Flaschenwegbringen!«, lachte Philipp und fand gar nichts Besonderes dabei.

Später erzählte Philipp so ganz nebenbei von all den Tieren, die von den Menschen ausgerottet worden waren. Auch davon, wie schwierig es für viele Tiere ist, hier bei uns zu überleben. Die Natur wird immer mehr zerstört, die Lebensräume für Tiere immer kleiner. »Und das lernt ihr alles in der Schule!« Die Großeltern waren sichtlich beeindruckt.

»Wenn ich groß bin, will ich Lebensretter werden!«, sagte Philipp schließlich.

»Und wie geht das?«, fragte Opa.

»Alles Leben retten, damit nichts umkommt!«, antwortete Philipp und es klang ganz selbstverständlich. »Frösche und Fliegen, Blumen und Bäume, Elefanten und Pinguine, eben alles!«

»Aha!«, sagte Oma. »Damit kann man ja nicht früh genug anfangen!«

Philipp nickte. »Das sagt die Frau Wisor in der Schule auch!«

»Was hast du denn schon alles gerettet?«, fragte Opa und sah seinen Enkelsohn zweifelnd an.
»Leben retten ist doch nicht schwierig! Du hast doch vorhin auch die Wespe gerettet!«, lachte Philipp.
»Ich habe sie aus dem Fenster gejagt, damit sie uns nicht sticht!«
»Aber du hast sie nicht getötet!«
Ja, das stimmte, obwohl Opa eigentlich gar nicht weiter darüber nachgedacht hatte.
»Und du hast die Blumen und das Gemüse gegossen!« Philipp wendet sich zu seiner Oma.
»Weil es so trocken war!«, lachte sie. »Sonst geht ja alles kaputt!«

Philipp nickte ernst. »Das ist Leben retten!«, sagte er.
»Hast du auch heute schon Leben gerettet?«, fragte Opa da.
»Vorhin die Schnecke auf der Straße, die habe ich wieder in den Garten gebracht, damit ihr nichts passiert!«
Bevor Philipp weitererzählen konnte, unterbrach Opa ihn. »In welchen Garten?«, fragte er.
»In deinen!«, antwortete Philipp und lächelte zufrieden. »Da kann ihr nichts passieren!«
»Wunderbar!«, sagte Opa nur und nickte Oma viel sagend zu. »Hast du noch mehr in unseren Garten gebracht?«
»Soll ich?«, fragte Philipp und blickte Opa mit großen Augen an.
»Was waren das für Gänseblümchen, die du mir gebracht hast?«, fragte Oma Philipp. »Die hast du doch auch abgerissen. Sie hätten es auf der Wiese bestimmt besser gehabt!«
Da stiegen Philipp vor Wut die Tränen in die Augen.
»Gar nicht abgerissen hab ich sie!«, schrie er. »Sie haben auf der Straße gelegen. Jemand hat sie einfach fortgeworfen. Da solltest du sie wenigstens ins Wasser stellen, damit sie noch ein bisschen leben können!«
»Entschuldige, Philipp!«, sagte Oma und nahm ihren Enkelsohn in den Arm. »Ich hätte mir doch denken können, dass es so und nicht anders war!«
»Aber du kannst doch nicht alles retten!«, sagte Opa schließlich und seufzte.
»Frau Wisor hat gesagt: Man muss einfach anfangen!«, antwortete Philipp sehr ernst. »Wenn jeder damit anfängt und immer und immer weitermacht, dann werden es immer mehr.«
»Du hast Recht, Philipp!«, sagte Opa darauf und nahm ihn an der Hand. »Komm mit, ich will dir etwas zeigen!«

Und so führte der Opa seinen Enkel ganz hinten in den Garten, wo er letzte Woche ein Nest mit jungen Mäusen entdeckt hatte. Eigentlich hatte er sie längst vernichten wollen. Was suchten Mäuse in seinem Garten. Aber jetzt war er froh, dass sie noch da waren, weil sich Philipp nicht satt sehen konnte, als die Mäuse hervorkamen.
»Du hast ihnen das Leben gerettet!«, flüsterte Opa, als beide unbeweglich nebeneinander standen und einfach nur zuguckten.
»Warum?«, fragte Philipp leise.
»Nur so!«, antwortete Opa und wusste bereits, dass er diese Mäuse bestimmt nicht vernichten würde.
Schon allein wegen Philipp.
Dem Lebensretter.

Mein Name

Wie die Jahresringe im Holz der Bäume,
wie die tiefen Kratzer im harten Stein,
wie des Windes Spuren im Sand der Wüste,
wie die Regenfurchen im Felsgestein,
wie die Adern in all den grünen Blättern,
wie die Farben des Schmetterlings so fein,
ist mein Name in Gottes Hand eingeschrieben
und wird dort immer eingeschrieben sein.

Das wird bestimmt ein schöner Tag

Manuel blinzelte in das helle Sonnenlicht hinein, das durch das geöffnete Fenster hereindrang und ihn blendete. Er war immer noch halb in seinem Traum. Auf dem Rücken eines Vogels war er über die Welt dahingeflogen. Manchmal war ihm fast schwindlig geworden, wenn er hinunterblickte. Schwindlig aber auch vor Freude und vor Glück. Schön war es gewesen mit dem fremden Vogel. Wunderschön!

»Aufstehn, Manuel!« Seine Mutter stand in der geöffneten Tür seines Zimmers. Doch dann verstummte sie plötzlich und legte ihren Finger auf den Mund. »Pst!«, flüsterte sie und zeigte dann auf die Fensterbank neben ihm.

Da sah Manuel den kleinen Vogel auch. Er hockte auf der Fensterbank, blickte ihn an und breitete dann die Flügel aus und flog davon ins Sonnenlicht hinein.

»War er die ganze Nacht hier bei dir?«, fragte die Mutter scherzend und lachte ihn an.

»Vielleicht!«, antwortete Manuel nachdenklich und nickte dann. »Ja, ganz bestimmt!«

»Das wird bestimmt ein schöner Tag heute!«, sagte Manuels Mutter.

Und Manuel nickte ihr fröhlich zu. »Ja, ganz bestimmt!«, sagte er noch einmal.

Abendgebet

Der Tag ist nun vergangen,
er hat mich froh gemacht!
Ich dank dir, Gott, für diesen Tag
und bitte für die Nacht.

Ein Band von Hand zu Hand

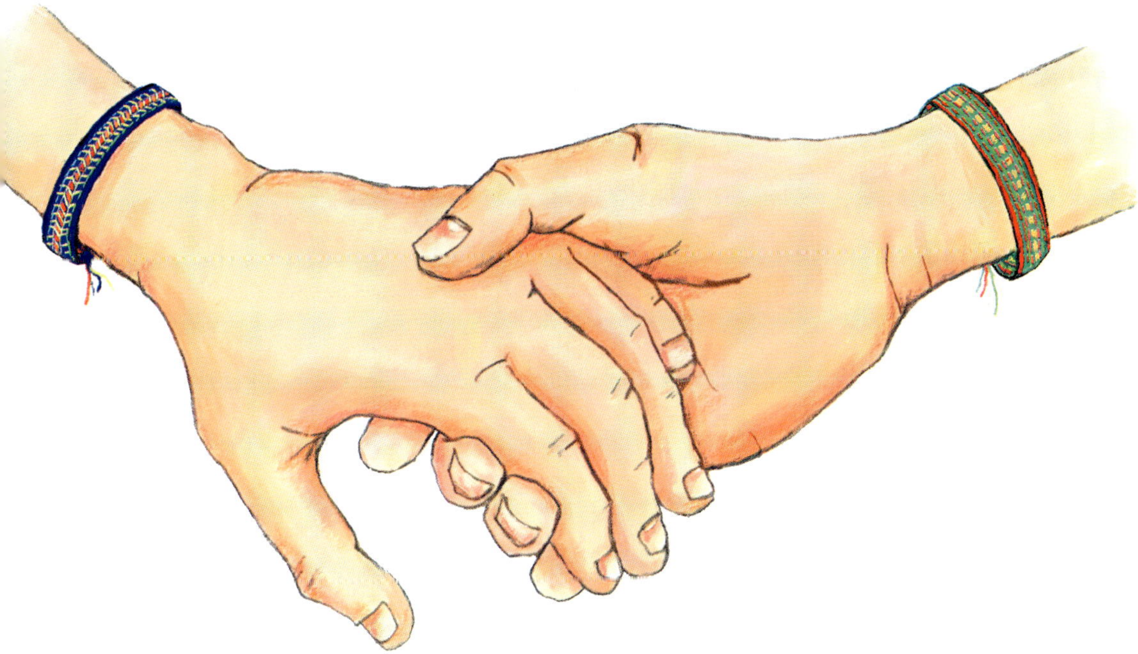

Das wünsch ich mir

Das wünsch ich mir:
Ich möchte mit dir
im Dunkeln ein Streichholz anzünden,
eine Murmel im Garten finden,
nach den Wolken am Himmel gucken
und von der Brücke ins Wasser spucken.
Dich anfassen und quer durch die Leute flitzen,
bei meinem Lieblingsfilm ganz dicht neben dir sitzen,
dich atmen hören und dich riechen,
mit dir mich im dunkelsten Eckchen verkriechen.
An sonnigen, heißen Sommertagen
deine Tasche und deine Jacke tragen
und träumen und spinnen und flüstern und lachen . . .
Lauter so Sachen,
die wir nur machen,
wenn wir zwei zusammen sind . . .
Menschenskind!
Es ist wirklich wahr
und es wird mir langsam klar,
dass es dann am schönsten ist,
wenn du zu mir kommst,
wenn du bei mir bist . . .

Alles okay, Raffael?

Sie waren gute Freunde gewesen. Im Kindergarten bereits. Und dann auch noch in den ersten Jahren der Grundschule.
Irgendwann waren sie dann einmal ganz böse aneinander geraten. Sie hatten sich auf dem Heimweg nach der Schule so getreten und geschlagen, dass sie sich nicht wieder versöhnen wollten. Danach waren sie sich aus dem Weg gegangen. Raffael hatte neue Freunde gefunden. Und Mike hatte die Klasse noch einmal wiederholen müssen, weil es bei ihm mit dem Rechnen einfach nicht klappen wollte. Auch er hatte neue Freunde.
So sahen sie sich gelegentlich noch einmal im Pausenhof oder auf dem Schulweg, sahen aber aneinander vorbei und waren sich so fremd geworden, dass eigentlich keiner den anderen mehr wahrnahm.
Alles wäre so zwischen ihnen geblieben, sie wären erwachsen geworden und hätten sich vielleicht nicht einmal mehr daran erinnert, dass sie einmal Freunde gewesen waren, wenn das nicht mit Raffael am letzten Freitag passiert wäre.
An diesem Freitag war für Raffael wie gewöhnlich bereits kurz vor zwölf Uhr Schulschluss. Er machte sich aber nicht wie sonst üblich zusammen mit seinen Freunden auf den Heimweg. Er blieb vor dem Eingang zum Schulhof zurück, verabschiedete sich mit einem »Tschüss!« und lehnte sich an den Zaun, um die Straße zu beobachten. Irgendwann musste ja das rote Cabrio auftauchen. Sein Vater hatte versprochen ihn heute mit dem neuen Wagen an der Schule abzuholen.

Vater ließ sich wirklich Zeit. Raffael schloss die Augen und zählte leise bis hundert, dann öffnete er sie. Nein, von seinem Vater war immer noch nichts zu sehen. Wieder schloss Raffael die Augen. Er wollte versuchen blind bis zweihundert zu zählen. Kein Wunder, dass Raffael die Jungen nicht bemerkte, die sich ihm näherten. Sie waren von der Kleiststraße hergekommen und nun kreisten sie ihn von drei Seiten ein.

Als Raffael erkannte, in welcher Gefahr er steckte, war es zum Weglaufen bereits zu spät.

Es mochten sechs bis acht Jungen sein, alle mindestens einen Kopf größer als Raffael. Oh, Raffael wusste sofort, wen er da vor sich hatte. Sogar Frau Mock, seine Lehrerin, hatte im Unterricht von diesen Jungen gesprochen, die in dem ganzen Viertel die Schüler der Grundschule terrorisierten. Deshalb sollten die Grundschüler nach der Schule möglichst nicht allein nach Hause gehen. Das hatte ihnen Frau Mock eindringlich eingeschärft. Sogar die Polizei war informiert.

Die Jungen umringten

Raffael, sodass keiner sehen konnte, wen sie da zwischen sich hatten. Zudem war die Straße leer. Und der Mann in dem roten Cabrio, der kurz anhielt und dann langsam weiterfuhr, konnte so auch nicht sehen, dass es sein Sohn war, der da zwischen ihnen stand und vor Angst nicht mehr ein noch aus wusste.
»Der Hut ist gut!«, sagte einer und riss Raffael die rote Kappe, auf die er so stolz war, vom Kopf und setzte sie sich selbst auf.
»Echt cool, die Jacke!«, meinte ein Zweiter. »Viel zu schade für so einen kleinen Scheißer!«
Raffael wehrte sich kaum, als sie ihm die Jacke herunterrissen.
»Die Schuhe!«, flüsterte ein Dritter und gab den anderen unmissverständliche Zeichen.
»Nein!«, schrie Raffael auf.
Doch da hatte ihn einer bereits so hart gegen sein Bein getreten, dass er einfach umfiel. Er schlug hart auf das Pflaster auf. Er spürte einen heißen Schmerz im Arm.
Sie machten sich an seinen Schuhen zu schaffen. Er wehrte sich verzweifelt. Und weil sie ihn nicht losließen und sich nun auch noch daranmachten, ihm die Strümpfe und die Hose herunterzuziehen, nahm er all seine Kraft zusammen und rief so laut er nur konnte um Hilfe. Ein jäher Schmerz durchzuckte ihn, als ihn einer mit der Hand auf den Mund schlug. Er musste seine Oberlippe und die Nase getroffen haben. Er blutete im Mund und das Blut schmeckte eklig süß. »Halt das Maul!«, hörte er einen zischeln und sah, dass sie in seinen Hosentaschen nach Geld suchten. Sie fanden nichts und Raffael war froh, dass er sein Taschengeld in einem Brustbeutel unter dem Hemd trug.
Doch da fasste ihm einer bereits unter das Hemd und packte den kleinen Beutel.

Er riss so brutal daran, dass der Lederriemen tief in Raffaels Hals einschnitt, bevor er zerriss. Jetzt wehrte sich Raffael wie ein wilder Kater, trat nach allen Seiten, biss um sich und erwischte einen Gegner mit seinen Zähnen am Bein. Was konnte er jetzt noch verlieren? Ein erneuter Tritt warf ihn wieder um.
Doch dann ließen die Jungen plötzlich von ihm ab, ließen alles liegen, was sie ihm abgenommen hatten, und rasten davon.
Ganz langsam kam Raffael wieder zu sich und nahm ebenso langsam die anderen wahr, die jetzt um ihn herumstanden. Etwa zwanzig Jungen und Mädchen, alle in seinem Alter. Und einer, den Raffael kannte – Mike.
»Alles okay, Raffael«, sagte Mike und trat von einem Bein auf das andere. »Ich habe gesehen, was sie mit dir machen«, erklärte er. »Da bin ich sofort zurück in die Schule gelaufen!«
Die anderen Kinder überschrien sich nun, weil jeder etwas berichten wollte.
Jedenfalls hatte Mike sofort alle Schülerinnen und Schüler, die sich noch in der Schule befanden, zusammengetrommelt und mit den Kanthölzern und Latten bewaffnet, die der Hausmeister für den Werkunterricht besorgt hatte. Sie waren gerade geliefert worden. Zum Glück hatten sie diese Waffen nicht gebraucht.
Aber gefährlich ausgesehen haben sie. Die Jungen waren sofort davongelaufen. Richtig ausgerissen waren sie vor ihnen! Viele Kleine hatten die Großen in die Flucht geschlagen. Das war stark!
Ein paar Kinder halfen Raffael aufzustehen und dieser wusste nicht, was er sagen sollte. Er wagte vor Verlegenheit nicht einmal Mike anzusehen. Mike war die ganze Sache ebenso peinlich wie

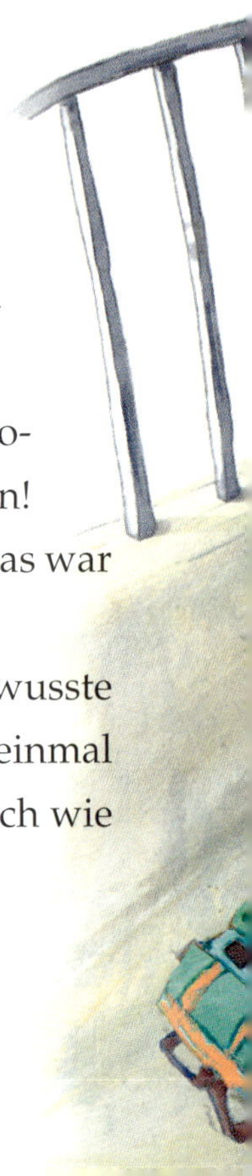

ihm selbst. Als er aber sah, wie Raffael sich suchend umsah, sprang er gleich hinzu, griff nach den Hosen und reichte sie Raffael. »Das sieht besser aus!«, flüsterte er ihm zu.

Und Raffael zog seine Hosen an, zog sie hoch, steckte das schmutzige und zerrissene Hemd hinein, wischte sich mit dem Taschentuch über das Gesicht und brachte es fertig, ein »Danke!« zu hauchen. Obwohl ihn kaum einer hörte, verstand ihn jeder.

Ein Mädchen reichte ihm die Strümpfe und die Schuhe. »Wie kommst du denn jetzt nach Hause?«, fragte sie.

»Wir haben denselben Weg!«, sagte Mike nur und machte sich daran, Raffaels restliche Sachen aufzusammeln. »Wir gehen zusammen.«

Sie gingen nebeneinander her und keiner getraute sich den anderen anzusprechen. Raffael humpelte und Mike versuchte seinen Schritt anzupassen.

Als sie dann bei Raffael angekommen waren und sich eigentlich voneinander verabschieden wollten, blieben sie noch unschlüssig stehen.

»Euer Wagen?«, fragte Mike dann und deutete auf das rote Cabrio vor der Garage.

Raffael nickte. »Mein Vater hat ihn heute gekauft. Wir machen heute Nachmittag bestimmt die erste Probefahrt!«

»Toll!« Mike pfiff anerkennend durch die Zähne.

»Um drei?«, fragte Raffael.

Mike verstand ihn sofort. »Habt ihr denn noch Platz für mich?«, fragte er.

»Für dich immer!«

Jetzt war es heraus. Und dann drehte Raffael sich um und humpelte, so schnell er konnte, zur Haustür . . .

Ein Unfall

Pele hat das Quietschen der Autoreifen ganz deutlich gehört. Es muss ganz in der Nähe gewesen sein. Schon rennt er los und biegt in die Schillerstraße ein.
Hier stehen die Autos dicht gedrängt hintereinander. Alle haben angehalten. Und die Leute rennen auf dem Bürgersteig alle in eine Richtung. Da rennt Pele hinter ihnen her.
Dort muss es sein. Viele Leute drängeln sich auf dem Bürgersteig, ebenso viele stehen um ein Auto herum, das auf der Straße angehalten hat. Da schiebt sich Pele zwischen den Leuten hindurch, sodass er selbst sehen kann, was hier passiert ist.
Eine Frau in einer braunen Jacke ist aus dem Auto ausgestiegen

und spricht mit einem Polizisten. Dann wendet sich der Polizist an die Leute. Pele kann gut verstehen, was er sagt.
»Gehen Sie bitte weiter!«
Ein kleiner Hund ist überfahren worden. Er liegt mitten auf der Straße. Ein Mädchen steht daneben und weint. Pele erschrickt, als er das Mädchen erkennt. Es heißt Anja und ist in seiner Klasse. Ja, und den kleinen Hund kennt Pele auch. Ein Rauhaardackel! Bianca – ein Dackelmädchen.
Pele ist Anja und ihrem Hund schon oft begegnet. Anja hat ihn immer an der Leine ausgeführt.
Jetzt wendet sich der Polizist Anja zu und spricht sie freundlich an: »Warum hast du ihn auch von der Leine gelassen?«
»Er hat sich losgerissen!«, flüstert sie. »Er hat einen anderen Hund gegenüber auf dem Bürgersteig gesehen. Da konnte ich ihn nicht mehr halten.«
Die Frau mit der braunen Jacke versucht das Mädchen zu trösten. Sie will auch mit Anjas Mutter sprechen. Ihr tut es so Leid, dass ihr das mit dem Hund passiert ist. »Ich konnte einfach nicht mehr ausweichen!«, sagt sie immer wieder zu dem Polizisten. »Es ging alles zu schnell!«
Dann fragt sie, ob sie Anja nach Hause fahren soll. Anja zögert. Pele nickt ihr zu. »Soll ich mitkommen?«, fragt er und Anja nickt dankbar.
Zusammen gehen sie zu dem Auto und steigen schnell hinten ein. »Du musst mir zeigen, wohin ich fahren soll!«, sagt die Frau, als sie den Wagen startet.
»Die nächste Straße rechts!«, flüstert Anja. Sie spricht so leise, dass Pele es noch einmal laut wiederholen muss. Jetzt nickt die Frau und gibt langsam Gas.

Als Pele zurückblickt, sieht er, dass ein zweiter Polizist den kleinen Hund aufhebt und fortträgt.
Der andere Polizist gibt ein Zeichen. Da dürfen die Autos wieder fahren.
Anja sitzt neben Pele und schluchzt leise in ihr Taschentuch. Verstohlen blickt Pele sie von der Seite an. Er wünscht sich so sehr, dass ihm irgendetwas einfiele, was er Anja sagen könnte. Sicher hat sie die kleine Bianca sehr lieb gehabt.
Da wendet sich Anja ihm zu. »Es ist lieb von dir, dass du mitkommst!«, sagt sie leise.

Hilf mir, dass ich helfen kann

Hilf mir, dass ich helfen kann.
Sag mir, Gott, wo fang ich an?
Zeig mir Gott, wie fang ich's an.
Hilf mir, dass ich helfen kann.

Gott ist immer bei mir.
Er kennt mich
und er hört mir zu

Vom Schutzengel

Ein guter Engel sei mit dir!
Er führt dich jeden Weg
und findet über jeden Abgrund
ganz sicher einen Steg.

Er geht mit dir dein Leben lang
und macht dein Leben froh.
Sei sicher, dass er sich drum kümmert!
Bei Engeln ist das so.

Und spürst du plötzlich irgendwo,
dass irgendwas geschah,
dann wirst du tief im Innern spüren:
Jetzt war er wieder da!

Wenn du ihn mit dem Herzen suchst,
dann kann's vielleicht geschehn.
dann kannst du plötzlich Gottes Engel
mit eignen Augen sehn.

Ich habe das Kind gesehen

Ich habe das Kind im Fernsehen gesehen. Und mein Vater sagte, es wäre etwa so alt wie ich.

Sie zeigten die Bilder vom Erdbeben.

Und das Kind steckte unter den Trümmern und wollte heraus und schaffte es nicht allein. Es weinte. Und sein Gesicht war so groß wie der ganze Bildschirm in unserem Wohnzimmer. Sie konnten das Bild von dem schreienden Kind aus dem fernen Land mitten in unser Wohnzimmer bringen, sodass wir es alle sehen konnten.

Und mein Vater sagte, das Kind wäre etwa so alt wie ich.

Ich habe die vielen Leute gesehen, die dem Kind helfen wollten.

Hier bei uns im Wohnzimmer habe ich alles gesehen.

Aber sie schafften es nicht.

Sie konnten die Bilder von dem Kind zu uns nach Heidelberg senden, sodass alle Leute in Heidelberg das Kind leiden sehen konnten. Aber sie konnten dem Kind nicht helfen.

Ich habe die Hände vor mein Gesicht gehalten, weil ich nicht sehen wollte, dass keiner helfen konnte.

Sein Gesicht war so groß wie der ganze Bildschirm in unserem Wohnzimmer.

Da schaltete mein Vater den Fernseher aus. »Du sollst auch nicht so viel fernsehen!«, sagte mein Vater.

Er nahm mich auf den Arm und trug mich hinaus.

Und ich musste so weinen. Und mein Vater weinte auch.

Später sagten mir meine Eltern, dass das Kind gestorben sei.

Sie hatten es nicht befreien können. Und ich kann nicht einschlafen. Ich will nie wieder fernsehen!

Ich will nie wieder ein Kind bei uns im Wohnzimmer sterben sehen.

Ein Kind, das etwa so alt ist wie ich.

»Gott, wir wissen alle nicht weiter!«, sagt mein Vater.

Hat er gebetet? Er betet sonst nie laut.

Ich kann heute nicht beten. Die Gebete, die ich kenne, haben nichts mit dem Kind zu tun, das bei uns im Wohnzimmer gestorben ist. Meine Eltern nehmen mich mit in ihr Bett und ich darf zwischen ihnen liegen. Ich spüre sie auf beiden Seiten von mir. Und ich liege im Arm meiner Mutter.

Da bete ich ganz leise, damit es meine Eltern nicht hören können: »Gott, wir wissen alle nicht weiter. Hilf uns doch!«

Durch das Fenster kann ich den großen Baum in unserem Garten sehen. Jetzt kommt der Mond hinter den Wolken hervor. Es ist so wie immer.

Und die Bilder von dem Mädchen gehen zur gleichen Zeit um die Welt.

Es gibt so viele Länder und so viele Menschen und so viele Fernseher.

Und das Kind war etwa so alt wie ich.

Kyrie

Kyrie, kyrie,
Vater hörst du mich?
Kyrie eleison,
Gott, erbarme dich!

Wenn jetzt einer krank ist,
nimm dich seiner an,
dass er bald schon wieder
ganz gesund sein kann.
Tröste, die in Not sind,
Hungrige mach satt.
Lass den Freunde finden,
der sonst keine hat.

Gibt es Streit und Ärger,
lass das schnell vergehn,
dass wir uns versöhnen
und uns gut verstehn.
Und muss einer weinen,
lass ihn nicht allein.
Lass ihn wieder lachen
und sich wieder freun.

Gott, dass deinen Tieren
keiner etwas tu!
Dass die Welt zerstört wird,
lass es nicht mehr zu.
Lass die Kriege sterben!
Hilf uns zu verzeihn
und lass deinen Frieden
immer bei uns sein.

Hilf doch jedem Menschen,
der heut einsam ist.
Lass ihn selber spüren,
dass du bei ihm bist.
Gib auf alle Kinder
deiner Erde Acht.
Und gib keinem Menschen
über andre Macht.

Mut und Kraft zum Handeln
schenk uns allezeit.
Mach für deine Liebe
unser Herz bereit.
Wenn ich zu dir bete,
Vater hörst du mich?
Gib uns deinen Segen!
Gott, erbarme dich.

Kyrie, kyrie,
Vater hörst du mich?
Kyrie eleison,
Gott, erbarme dich!

Mario wird nicht plötzlich wiederkommen

Nun lag Oles kleiner Bruder schon über drei Monate in der Klinik. Seine Blutwerte besserten sich nicht. Immer wieder wurden seinem Blut neue, frische Thrombozyten zugeführt. Trotzdem wurden die Nachrichten aus der Klinik nicht positiver. Ole fiel auf, dass er sich langsam an alles zu gewöhnen begann. Mutti war nur manchmal da. Frau Seiler fast jeden Tag. Papa fuhr, sooft er nur konnte, nach seinem Dienst in die Klinik. Und wenn Ole von Jens und seinen anderen Freunden gefragt wurde, dann sagte er: »Nein, es geht ihm noch nicht besser. Aber wir warten alle darauf!«

Draußen begannen die Blätter an den Bäumen bunt zu werden. Einmal kam Ole hinzu, als Papa Marios rotes Dreirädchen, mit dem er täglich herumgefahren war, aus dem Flur nahm und in den Keller brachte.

»Das darfst du nicht tun!«, brüllte Ole und wollte Papa mit aller Gewalt bewegen das Rad dort stehen zu lassen. Es stand doch immer im Flur. Das ganze Jahr hindurch. Weil Mario es täglich brauchte. Auch seit Mario nicht mehr hier war: Das Rädchen stand an seinem vertrauten Platz.

»Aber Ole!« Papa nahm den Jungen an der Schulter. »Ich will es doch nur wegräumen, bis Mario wiederkommt. Katja benutzt es nicht. Warum soll es denn jetzt im Flur stehen?«

»Wenn Mario plötzlich wiederkommt und sein Dreirad steht nicht an seinem Platz . . .!« Fast beschwörend drang Ole auf seinen Vater ein.

»Mario wird nicht *plötzlich* wiederkommen«, sagte Papa leise. »Es geht ihm so schlecht. Wir können nur beten, dass er überhaupt wiederkommt.« Dann ließ er Ole los und ging ganz schnell nach oben.

So war das eben jetzt bei ihnen. Sie trösteten sich immer wieder und sagten laut zueinander, dass mit Mario alles wieder gut werden würde. Niemals würde Ole Mutti oder Papa sagen, welche Sorgen er sich um Mario machte. Auch nicht, dass er manchmal daran denken musste, wie es sein würde, wenn Mario wirklich sterben müsste.

»Lieber Gott, lass Mario zu uns zurückkommen!«, sagte er halblaut vor sich hin. Dann faltete er ganz schnell die Hände, schloss die Augen und wiederholte es noch einmal. Es war ein richtiges Gebet, was er hier im Keller sagte. Das sollte Gott doch merken. Es war das Wichtigste, was er überhaupt jetzt beten konnte. Als er später durch den Flur gehen musste, sah er absichtlich nicht dorthin, wo Marios Dreirad gestanden hatte. Und als dort später Katjas Puppenwagen seinen Platz fand, musste er immer an das rote Dreirad denken . . .

Gebet

Wir wollen hier in unsrer Zeit
noch viel zusammen machen.
Wir wollen gegen Angst und Leid
ansingen und anlachen.
Lasst uns auch in der Dunkelheit
gut aneinander denken.
Schenk Mut und Kraft uns allezeit –
Und mach für deine Liebe
stets unser Herz bereit!

Gottes guter Segen

Gottes guter Segen
sei mit dir
und mir,
sei mit jedem Kind
und mit jedem Tier.
Um die Erde geht sein Segen
wie ein sanfter, warmer Wind.
Tröstet die,
die ohne Hoffnung,
segnet,
die verzweifelt sind.